Margot Hellmiß / Nikola Neubauer
So leben Wale und Delphine

Margot Hellmiß

So leben
Wale und Delphine

Illustriert von Nikola Neubauer

Margot Hellmiß
arbeitet für verschiedene Tageszeitungen und Illustrierte.
Daneben schreibt sie auch Sachbücher für Kinder und Jugendliche.

Nikola Neubauer
studierte Kunstgeschichte in München und ist als freiberuflicher
Illustrator mit dem Schwerpunkt Realismus tätig.

Die Deutsche Bibliothek – CIP-Einheitsaufnahme

So leben Wale und Delphine / Margot Hellmiß.
Ill. von Nikola Neubauer.
- 2. Aufl. - Würzburg: Arena, 1995
ISBN 3-401-04438-9
NE: Hellmiß, Margot; Neubauer, Nikola

2. Auflage 1995
© 1993 by Arena Verlag Würzburg
Alle Rechte vorbehalten
Einbandgestaltung und Titelillustration: Nikola Neubauer
Redaktionelle Mitarbeit: Falk Scheithauer
Lektorat: Thomas Hilge
Gesamtherstellung: Westermann Druck Zwickau GmbH
ISBN 3-401-04438-9

Inhalt

Warum Wale keine Fische sind

Wale sind Meeressäugetiere. Sie leben im Wasser, und sie haben Flossen und Schwänze wie Fische. Trotzdem handelt es sich nicht um Fische. Die häufig gebrauchte Bezeichnung »Walfisch« für den Wal ist falsch. Wale sind Säugetiere wie Hunde, Katzen oder Elefanten. Sie gebären lebende Jungen und säugen sie mit Muttermilch – wie auch wir Menschen.

Obwohl die Wale im Meer leben, können sie unter Wasser nicht atmen. Sie haben keine Kiemen wie Fische, sondern Lungen wie alle anderen Säugetiere. Deshalb müssen sie zum Luftholen immer an die Wasseroberfläche kommen. Die meisten Wale können 10 bis 20 Minuten lang die Luft anhalten. Eine bestimmte Walart, der Pottwal, taucht sogar über eine Stunde lang.

Das beeindruckendste an den Walen ist ihre Größe. Wie schwimmende Berge durchpflügen manche Wale die Ozeane. 15 bis 20 Meter Länge sind keine Seltenheit. Die größten Wale, die Blauwale, werden sogar über 30 Meter lang. Kein anderes Lebewesen auf der Welt ist so gigantisch groß.

Zu den Walen gehören aber auch viele kleine Meeressäugetiere, die nur etwa zwei Meter lang werden. Das sind die lustigen Delphine, die zu den intelligentesten Tieren auf der Welt zählen. Insgesamt leben etwa 90 Arten von Walen in den Ozeanen.

Ein Buckelwal schießt aus dem Wasser,
um Luft zu holen. Wale sind Säugetiere
wie wir Menschen. Trotzdem haben sie
Flossen wie Fische. Die Brustflossen des
Buckelwals werden bis zu fünf Meter lang.

Auf Walsafari

»Wal, da bläst er!« ruft der Steuermann des Bootes und drosselt den Außenbordmotor. In einiger Entfernung von dem Boot spritzt eine gewaltige Wasserfontäne in die Höhe, und der massige Rücken eines Wals taucht aus den Fluten des Meeres auf. Neben dem ersten Wal kommen ein zweiter und ein dritter an die Wasseroberfläche, und bald durchpflügt eine ganze Herde von den Riesentieren die Wellen.

Jedes Jahr zur gleichen Zeit schwimmen die Wale aus den kalten Polarmeeren in wärmere Gewässer, um sich zu paaren. Die Grauwale beispielsweise treffen sich im Winter vor der Küste Kaliforniens, die Buckelwale in der Karibischen See. Forscher und »Waltouristen« warten dann schon in ihren Booten, um die Meeresriesen zu filmen und zu bestaunen. Manchmal sind so viele Walbeobachter angereist, daß man von richtigen Walsafaris sprechen kann.

Der Blast

Wer vom Schiff aus einen Wal beobachtet, sieht als erstes immer den »Blast«. So nennt man die Wasserfontäne, die der Wal beim Ausatmen ausstößt. Bei vielen Walen spritzt diese Fontäne me-

terhoch in die Luft. Eigentlich handelt es sich dabei um eine Wasserdampffontäne. Denn der Wal atmet ja Luft aus. Doch weil er seinen Atemstrahl mit so hohem Druck herausbläst und weil seine warme Atemluft so schnell in der kalten Umgebungsluft abkühlt, entsteht Wasserdampf. Das ist ein physikalischer Vorgang, den man als Kondensation bezeichnet.

Bei Walen befindet sich die Nasenöffnung an der Oberseite des Kopfes und nicht wie bei anderen Säugetieren vorne. Deshalb schießt der Blast auch senkrecht in die Höhe. Beim Blauwal kann er sechs Meter, beim Buckelwal zwei Meter und beim Pottwal fünf bis acht Meter hoch sein. Anhand des Atemstrahls erkennen erfahrene Walbeobachter auf den ersten Blick, um welche Walart es sich handelt. Die Nasenöffnung des Wals bezeichnet man als Blasloch oder Spritzloch. Die meisten großen Wale wie die Blauwale oder die Buckelwale haben zwei Blaslöcher.

Fluke, Finne, Flipper

Die Schwanzflosse des Wals wird Fluke genannt. An Größe, Form und Färbung der Schwanzflosse kann man einzelne Walarten voneinander unterscheiden. Die Fluke ist gewisser-

Buckelwal

Pottwal

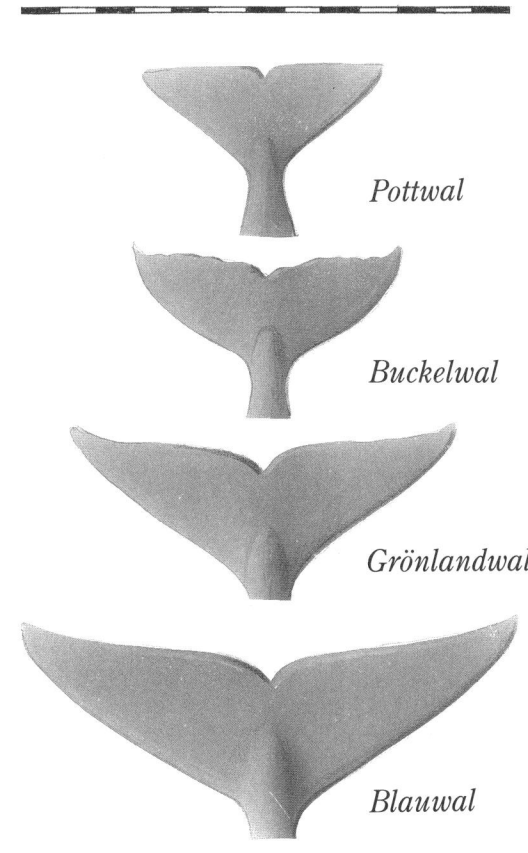

4,5 m

Pottwal

Buckelwal

Grönlandwal

Blauwal

Erfahrene Walbeobachter erkennen an Form und Größe der Fluke, um welche Walart es sich handelt.

maßen der »Motor« des Wals. Um vorwärts zu kommen, schlägt der Wal seine Schwanzflosse auf und ab. Die Schwanzflosse steht beim Wal waagrecht zum Körper und nicht wie bei einem Fisch senkrecht. Finne nennt man die Rückenflosse des Wals. Nicht alle Wale haben eine Finne. Flipper heißen die beiden Brustflossen des Wals. Die längsten Flipper hat der Buckelwal. Bis zu fünf Meter werden sie lang. Es spritzt gewaltig, wenn der Buckelwal mit seinen Riesenflippern aufs Wasser klatscht.

Die Teufelswale

Früher erzählten sich die Seefahrer schreckliche Geschichten über Wale. Sie behaupteten, Wale seien gigantische Meeresungeheuer, die es nur darauf abgesehen hätten, Schiffe mit Mann und Maus zu verschlingen. Sie nannten die Wale deshalb »Teufelswale«. Es ist tatsächlich schon vorgekommen, daß Wale kleinere Schiffe zertrümmert haben. Solche Zusammenstöße waren aber nur Unglücksfälle und keine aus Mordlust begangenen Handlungen. Denn trotz ihrer Kraft und Größe sind Wale keine aggressiven Tiere. Bis auf eine Ausnahme: Wenn die Menschen Jagd auf Wale gemacht hatten und dabei einen jungen Wal, ein Walkalb, töteten, kam es manchmal zum Angriff. Das riesige Muttertier schwamm dann Kopf voraus auf das Walfangboot zu und rammte es so heftig, daß es auseinanderbrach.

An Form und Richtung des Atemstrahls lassen sich einzelne Walarten voneinander unterscheiden.

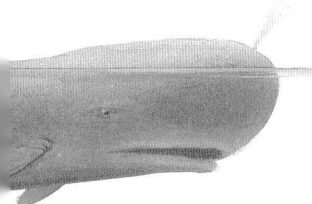

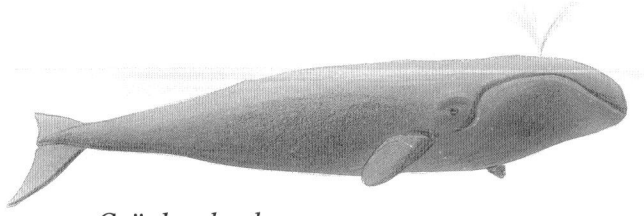

Grönlandwal

Bartenwale und Zahnwale

Es gibt zwei Gruppen von Walen, die Zahnwale und die Bartenwale. Zahnwale haben richtige Zähne im Maul. Die meisten Zahnwale schnappen damit nach Fischen und Tintenfischen. Einige wenige jagen aber auch Robben, Kraken, Pinguine und andere Wasserbewohner. Die Zahnwale zählen deshalb zu den Raubtieren.

Bartenwale haben statt der Zähne lange Barten im Maul. Das sind rechenartige Fransen, die am Oberkiefer angewachsen sind. Die Bartenwale benutzen diese Rechen wie ein Sieb. Sie filtern mit ihrer Hilfe kleine Lebewesen aus dem Meer. Sie spülen badewannenweise Wasser durch ihr Maul und pressen es durch die Barten wieder heraus. Die winzigen Wasserbewohner bleiben innen an den Barten hängen und dienen dem Wal als Nahrung. Mit größeren Beutetieren können die Bartenwale nichts anfangen.

Die längsten Barten hat der Grönlandwal. Sie werden bis zu 4,5 Meter lang. Bei den anderen Bartenwalen sind die Barten kürzer, und beim Grauwal messen sie kaum einen halben Meter.

10

Der Orca (oben) ist ein Zahnwal und ein
schlimmer Räuber, der nicht nur Fische
jagt, sondern sogar Robben und Pinguine.
Der mächtige Grönlandwal hingegen
filtert mit seinen Barten kleine Krebstierchen aus dem Wasser.

11

Die größten Tiere fressen die kleinsten

Zu den Bartenwalen gehören die größten Tiere auf der Welt. Auch der gewaltige Blauwal ist ein Bartenwal. Solche Riesentiere brauchen natürlich eine Unmenge Nahrung. Erstaunlicherweise ernähren sich die Giganten von den allerkleinsten Lebewesen, die im Meer vorkommen. Bartenwale fressen tierisches Plankton. Das ist die Sammelbezeichnung für viele winzige Lebewesen, die in Schwärmen oder Wolken im Meerwasser umhertreiben. Es handelt sich dabei hauptsächlich um Geißeltierchen und Krill.

Als Krill bezeichnet man garnelenartige, rötliche Kleinkrebse, die etwa fünf Zentimeter lang werden. Manchmal tritt der Krill in so großen Schwärmen auf, daß die Wasseroberfläche eine rote Farbe annimmt. Ein großer Bartenwal braucht täglich mehrere Millionen einzelner Krebstierchen.

Welche Bartenwale gibt es?

In der Biologie unterteilt man die Bartenwale in drei große Familien, in *Glattwale*, *Grauwale* und *Furchenwale*.

Die *Glattwale* erkennt man an ihren glatten, furchenlosen Kehlen und Bäu-

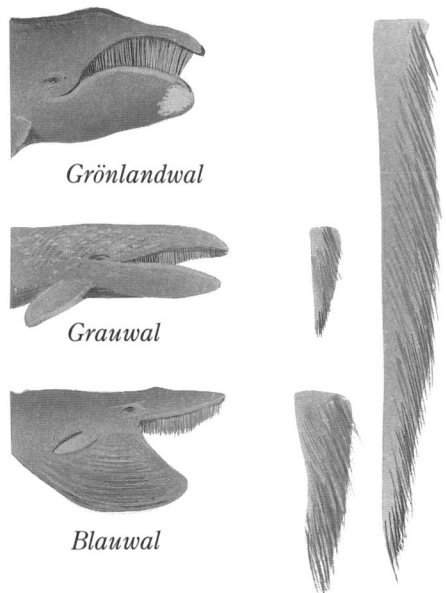

Grönlandwal

Grauwal

Blauwal

Der Grönlandwal hat die längsten Barten aller Wale. Sie können bis zu 4,5 Meter lang werden.

chen. Glattwale haben keine Rückenflossen, sondern nur Vorder- und Schwanzflossen. Ihre Speckschicht, der sogenannte Blubber, ist einen halben Meter dick.

Deshalb wurden sie früher von den Walfängern die »richtigen Wale« genannt. Sie jagten die Glattwale wegen der Unmengen von Öl, die sie aus ihrem Speck gewinnen konnten. Zu den Glattwalen gehören: Grönlandwal (bis 18 Meter Länge), Nordkaper (18 Meter), Südlicher Glattwal (21 Meter) und Zwergglattwal. Der Zwergglattwal ist der kleinste aller Bartenwale und mißt höchstens sechs Meter.

Die Familie der *Grauwale* besteht

Krillkrebs in Originalgröße

nur aus einem einzigen Vertreter, dem Grauwal (bis 15 Meter Länge). Grauwale sind die wanderfreudigsten Tiere der Welt. Jedes Jahr schwimmen sie 20 000 Kilometer weit: von Alaska bis zur Küste Kaliforniens und wieder zurück.

Jeder Wal aus der Familie der *Furchenwale* hat lange Furchen in der Haut. Die Furchen verlaufen entlang der Kehle und im Brustbereich. Strudelt der Wal krillhaltiges Wasser in sein Maul, dann dehnt sich die gefurchte Haut aus. So vergrößert der Wal das Fassungsvermögen seines Maules. Zu den Furchenwalen gehören: der Blauwal (bis 33 Meter Länge), das größte Tier der Welt, Finnwal (24 Meter), Zwergblauwal (22 Meter), Seiwal (18 Meter), Buckelwal (15 Meter) und Bryde-Wal (13 Meter).

Wie viele Zähne haben Zahnwale?

Alle Zahnwale haben Zähne. Die Anzahl ihrer Zähne schwankt jedoch erheblich. Zahnwale aus der Familie der Amazonas-Delphine beißen mit 272 Zähnen im Maul zu. Andere, wie der Entenwal aus der Familie der Schnabelwale, haben dagegen nur zwei Zähne. Die größten Zahnwale mit bis zu 21 Meter Körperlänge sind die Pottwale.

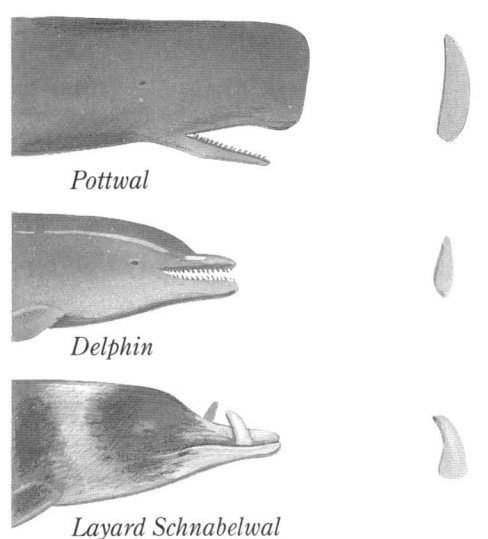

Pottwal

Delphin

Layard Schnabelwal

Verschiedene Zahnwalarten und ihre Zähne

Ein Pottwal hat an die 30 spitze Zähne, mit denen er bevorzugt nach großen Kraken schnappt. Insgesamt gibt es neun Familien von Zahnwalen: Pottwale, Schnabelwale, Gründelwale, Schweinswale, Ganges-Delphine, Amazonas-Delphine, La-Plata-Delphine, Langschnabeldelphine, Eigentliche Delphine.

Der Narwal aus der Familie der Gründelwale hat nur zwei Zähne im Oberkiefer. Beim Männchen ist der linke zu einem erstaunlichen Gebilde ausgewachsen. Bis zu 2,7 Meter lang kann dieser Zahn werden. Er ragt wie eine gestreckte Lanze waagrecht nach vorne. Fast wie ein Einhorn sieht der Narwal damit aus. Was der Narwal mit dieser Lanze macht, hat noch niemand herausgefunden.

Der Narwal hat einen meterlangen, lanzenförmigen Zahn.

Der Blauwal, das größte Tier der Welt

Blauwale sind die größten Tiere, die je auf Erden gelebt haben. Nicht einmal die riesenhaften Dinosaurier, die vor 65 Millionen Jahren ausgestorben sind, reichten an die Maße der Blauwale heran.

Ein ausgewachsener Blauwal ist im Durchschnitt 30 Meter lang. Man hat aber auch schon Exemplare von 33 Meter Länge gesehen. Er wiegt bis zu 130 Tonnen. Das sind 130 000 Kilogramm.

Der Dinosaurier Brachiosaurus, der als das größte Landtier aller Zeiten gilt, wog »nur« 80 000 Kilogramm. Ein Elefant, das größte heute lebende Landtier, ist mit 5000 Kilogramm Gewicht dagegen vergleichsweise winzig. Man muß sich das einmal vorstellen: Ein großer Blauwal ist genauso schwer wie 26 Elefanten oder 150 Rinder oder 1700 Menschen.

Wegen seines enormen Gewichts muß der Blauwal im Wasser leben, denn an Land könnten Knochen und Muskeln diese riesige Körpermasse gar nicht fortbewegen. Tiere von diesem Ausmaß kann es nur im Meer geben, weil hier das Wasser einen Großteil des Gewichts trägt.

Selbst ein neugeborenes Blauwalbaby ist bereits sieben Meter lang und 2000 Kilogramm schwer. Während der fünf bis sieben Monate, die das Waljunge mit der nahrhaften Muttermilch gesäugt wird, nimmt es täglich 80 Kilogramm zu und wächst pro Tag um fünf Zentimeter.

14

Eine Blauwalmutter und ihr Junges
schwimmen im eisigen Polarmeer. Die
Muttermilch der Wale enthält siebenmal
mehr Fett als Kuhmilch. Das gibt den
Waljungen genügend Kraft für ein Leben
in den kalten Gewässern.

15

Erst die Harpunenkanone machte die Jagd auf die schnellen Blauwale möglich.

Das Leben der Meeresriesen

Man könnte denken, daß sich die riesenhaften Blauwale im Wasser nur schwerfällig fortbewegen. Das ist aber nicht so. Blauwale schwimmen im Schnitt etwa doppelt so schnell wie Glattwale, über längere Strecken zwischen 22 und 26 Stundenkilometer. Kurzfristig erreichen sie sogar Geschwindigkeiten bis zu 50 Stundenkilometern.

Deshalb wurde mit der Jagd auf Blauwale erst nach der Erfindung der Harpunenkanone so richtig begonnen. Vorher schwammen die Blauwale den Walfangbooten einfach davon. Hinzu kommt, daß Blauwale eine nur zehn Zentimeter dünne Speckschicht haben. Tote Blauwale versinken deshalb schnell im Wasser. Das war auch ein Grund, weshalb die frühen Walfänger um Blauwale gern einen großen Bogen machten.

Leider hat sich das später gewandelt. Im Jahre 1962 gab es nach Zählungen eines wissenschaftlichen Komitees nur noch 700 bis 2000 Blauwale in den Weltmeeren. Kein Wunder, wenn man bedenkt, daß 1935 in einem einzigen Jahr allein im Südlichen Eismeer 16 500 Blauwale getötet wurden. Heute sind die Blauwale überall auf der Welt geschützt. Ihre Zahl ist nun wieder auf 10 000 Stück angewachsen.

Wie alle Bartenwale ernähren sich die Blauwale vorwiegend von fingerlan-

16

gen Krillkrebsen. Ein Blauwal verzehrt pro Tag bis zu vier Tonnen Krill. Zur Nahrungssuche schwimmen sie meist dicht unter der Wasseroberfläche. Aber sie können auch bis 400 Meter tief tauchen und 40 Minuten lang unter Wasser bleiben.

Von allen Walen dringen die Blauwale am weitesten in die Eismeere vor, sogar bis mitten hinein ins Treibeis. Im Sommer bevorzugen Blauwale die kalten, krillreichen Gewässer um die Pole. Erst im Herbst ziehen sie in Richtung Äquator, wo das Wasser wärmer ist. Dort paaren sie sich, und ein Jahr später bringen die Weibchen dort auch ihre Jungen zur Welt.

Blauwale haben außer dem Menschen keine natürlichen Feinde. Selbst der gefürchtete Weiße Hai wagt sich nicht an die Kolosse heran. Blauwale

Selbst das größte Landtier aller Zeiten, der Brachiosaurus, war ein Winzling gegenüber dem Blauwal.

erreichen ein hohes Alter von etwa 80 Jahren. Der Name der Zwergblauwale täuscht übrigens: Sie sind wahrlich keine Zwerge, denn sie werden bis zu 22 Meter lang. Ihre Farbe ist silbergrau.

Fett schwimmt oben

Walspeck erzeugt Auftrieb im Wasser. Er ist leichter als Muskelfleisch und Knochen und schwimmt wie anderes Fett auf der Wasseroberfläche. Ein toter Wal mit wenig Speck versinkt daher schneller als einer mit viel Speck. Die dünne Speckschicht des Blauwals reicht nicht aus, um genügend Auftrieb für 130 Tonnen Gesamtgewicht zu erzeugen. Wenn der Blauwal seine Schwimmbewegungen einstellt, versinkt er. Ein toter Glattwal hingegen wird von seiner bis zu 50 Zentimeter dicken Speckschicht lange an der Wasseroberfläche gehalten.

Der Pottwal

Der Pottwal hat einen eckig wirkenden, wuchtigen Kopf. Der bis zu 21 Meter lange Wal sieht damit klobig und wenig stromlinienförmig aus. Der Grund dafür: Vorne im Kopf hat der Pottwal ein gewaltiges Polster, ein Organ aus einer wachsartigen Masse. Diese Masse heißt Walrat. Früher dachten die Walfänger, das Walrat sei der Samen des Pottwals. Die Engländer bezeichnen den Pottwal deshalb als »Sperm Whale«, als »Samenwal«.

Heute wissen wir, daß das Walrat nicht der Samen des Pottwals ist. Vielmehr hilft das Walrat beim Tauchen. Der Pottwal kann das Walrat nämlich verflüssigen, um beim Auftauchen leichter zu werden, oder verfestigen, um beim Abtauchen schwerer zu werden. Wie jeder Stoff wird auch Walrat leichter, wenn man es verflüssigt, und schwerer, wenn es eine feste Form annimmt.

Wegen Walrat und Ambra war der Pottwal immer eine begehrte Jagdbeute. In manchen Jahren, wie beispielsweise noch 1960, wurden über 20 000 Pottwale erlegt.

Kampf in der Tiefsee: Ein Pottwal greift einen Riesenkalmar an. Der Pottwal gehört zu den Zahnwalen und ist ein Raubtier. Der Riesenkalmar wehrt sich mit zehn Fangarmen und zwei scharfen Kieferzangen.

19

Ambra, der geheimnisvolle Duftstoff

Nur in seltenen Ausnahmen bildet sich Ambra im Darm eines Pottwals. Ambra ist eine grauschwarze Masse, die stark süßlich riecht und für die Parfümherstellung verwendet wird. Aus manchen Pottwalen hat man schon Ambraklumpen mit 500 Kilogramm Gewicht herausgeholt. Wie Pottwale die Ambra bilden, ist noch nicht erforscht.

Tauchen in der Tiefsee

Am Grunde der Ozeane liegen lange, dicke Kabel. Sie verbinden die Telefonstationen der Kontinente miteinander. Es ist schon mehrfach vorgekommen, daß sich Pottwale in solchen Kabeln verheddert hatten und sterben mußten. Da sich manche dieser Unglücksstellen in 1000 Meter Tiefe befanden, weiß man, wie weit die Pottwale ins Meer hinabtauchen.

Forscher vermuten sogar, daß Pottwale über 2500 Meter Tauchtiefe erreichen können. Die Pottwale jagen nämlich große Tintenfische, Kraken und Riesenkalmare. Die größten dieser Weichtiere leben bevorzugt in der dunklen Tiefsee. Einmal hat man aus dem Magen eines Pottwals einen 17 Me-

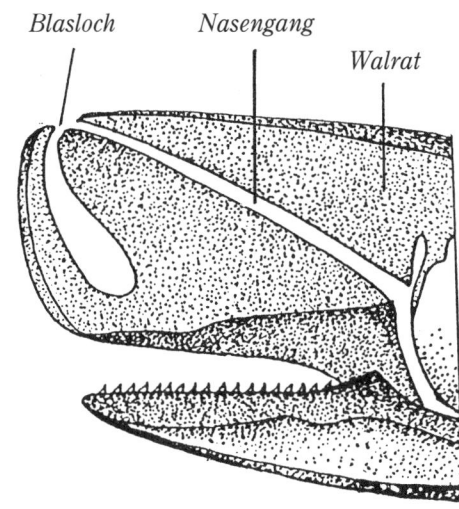

Querschnitt durch den eckigen Kopf eines Pottwals. Das Walrat erleichtert das Auf- und Abtauchen.

ter langen Riesenkraken geholt. Die Narben am Kopf des Pottwals zeugten von dem erbitterten Kampf der beiden.

Wie bleibt ein luftatmendes Säugetier in so großer Tiefe am Leben? Würde sich ein Mensch ungeschützt in solche Tiefen hinabbegeben, würde der Wasserdruck seine Lungen zusammenpressen. Das passiert dem Pottwal aber nicht.

Er atmet nur ganz wenig Luft vor dem Tauchen ein, und so können seine Lungen auch nicht zusammengedrückt werden. Den lebenswichtigen Sauerstoff aus der Luft speichert der Pottwal nämlich nicht in den Lungen, sondern zu 40 Prozent in Muskeln, zu 40 Prozent im Blut und zu zehn Prozent im sonstigen Körpergewebe.

Die Jagd auf Mocha Dick

Mocha Dick war ein außergewöhnlich großer, grauer Pottwal mit einer leuchtendweißen Narbe am Kopf. Seinen Namen erhielt er von den Walfängern, die bei der Insel Mocha vor der Küste Chiles erstmals Jagd auf ihn machten. Der schlaue Wal konnte jedoch den Harpunen der Walfänger entkommen. Das war im Jahre 1810.

Im Verlauf der folgenden Jahrzehnte wurde noch oft der Versuch unternommen, Mocha Dick zu fangen. Aber der kräftige Pottwal setzte sich mit allen Mitteln zur Wehr. Einmal griff er ein kleines Fangboot an und zermahlte es mit seinen kräftigen Kiefern. Dann verschwand er mit mehreren Harpunen im Leib in der Tiefe des Meeres. Ein andermal rammte er sogar ein großes Walfangschiff, die »Essex«, und brachte es zum Kentern. Zwölf Mann kamen dabei ums Leben.

Die Matrosen erzählten sich die abenteuerlichsten Geschichten von Mocha Dick, dem Wal, der sich nicht fangen ließ. Sie glaubten, daß er schlauer sei als die Menschen. Erst 1859 – fast 50 Jahre, nachdem er das erste Mal gesichtet wurde – gelang es einem schwedischen Walfänger, Mocha Dick zu erlegen. In seinem vernarbten Leib steckten noch 19 Harpunen.

Der Schriftsteller Herman Melville machte Mocha Dick auf der ganzen Welt bekannt. Er änderte seinen Namen in Moby Dick und machte ihn zur Hauptfigur seines berühmten Seefahrerromans.

Wie eine Nußschale wird das kleine Walfangboot von der Fluke des Wals durch die Luft geschleudert.

21

Der Gesang der Wale

Der Forscher Roger Payne und seine Frau Katherin sind in der Kajüte ihres Segelschiffes. Gebannt lauschen sie einem Tonband. Darauf haben sie mit Unterwassermikrophonen den Gesang der Buckelwale aufgenommen.

Die Buckelwale stoßen unter Wasser laute Geräusche aus, die andere Wale in Hunderten von Kilometern Entfernung noch hören. Sie schnalzen, pfeifen, knarren oder knattern. Diese Laute sind so angeordnet, daß man von richtigen Strophen und Liedern sprechen kann. Ein Lied dauert etwa zehn bis fünfzehn Minuten. Dann wiederholt der Wal dieselbe Tonfolge viele Male. Manchmal trägt er sein Lied stundenlang vor.

Das Forscherehepaar Payne hat die Buckelwale 20 Jahre lang vor den Bermudainseln belauscht. Es fand heraus, daß die Wale ihre Lieder von Jahr zu Jahr ändern und daß es in manchen Jahren richtige »Hits« gibt, die alle Wale gerne singen. Doch selten überdauert ein Hit mehrere Jahre. Da komponieren die Wale lieber neue Tonfolgen.

Viele Jahre lang haben Katherin und Roger Payne den Gesang der Buckelwale mit Unterwassermikrophonen aufgezeichnet und erforscht.

Die faszinierenden Gesänge der Buckelwale sind unter Wasser noch in vielen Kilometern Entfernung zu hören.

Die Aufnahmen vom Gesang der Buckelwale sind heute auf Schallplatte erhältlich. Die amerikanische Raumfahrtbehörde NASA hat sogar eine Sonde ins All geschossen, in der neben musikalischen Werken von Johann Sebastian Bach oder den Beatles auch der Gesang der Buckelwale aufgezeichnet ist. Diese Weltraumsonde soll eine Art Botschaft von unserer Erde übermitteln, die an bisher unbekannte Wesen im fernen All gerichtet ist.

Der Baß der Bässe

Neben vielen anderen Geräuschen erzeugen die Buckelwale auch einen Baßton, der wie ein tiefer Seufzer klingt. Kein anderes Tier auf der Welt kann so einen tiefen Ton von sich geben. Mißt man die Anzahl der Schwingungen, die dieser Baßton in einer Sekunde macht, kommt man nur auf 20. Man sagt dazu, der Ton hat eine Frequenz von 20 Hertz. Zum Vergleich: Der allertiefste Baßton, den ein Mensch singen kann, hat 80 Hertz. Bei normalem Sprechen beträgt die Frequenz unserer Laute viele hundert Hertz.

Singen Wale Liebeslieder?

Alle Wale erzeugen unter Wasser eine Vielzahl von Tönen. Das können einzelne Knacklaute, Pfeiftöne oder scharfe Zirpgeräusche sein. Es können aber auch lange Liedfolgen sein, wie Buckelwale sie hervorbringen. Auf die Frage, warum die Wale das tun, gibt es drei Antworten:

Zur Verständigung: Wale unterhalten sich regelrecht miteinander. Wie gut ihre Sprache funktioniert, wissen wir aber noch nicht. Jedenfalls können sie eine Information wie: »Dahinten kommt ein großes Schiff« ohne weiteres mitteilen.

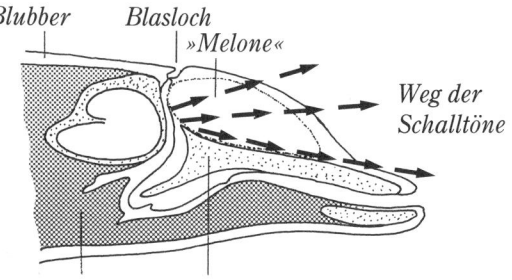

Die Ultraschallsignale der Zahnwale werden von einem speziellen Organ erzeugt und in der »Melone«, einer Fettlinse auf Stirn und Schnauze, verstärkt.

Zur Orientierung: Für Zahnwale haben einzelne Klicklaute noch eine zusätzliche Bedeutung. Die Zahnwale orientieren sich damit in den Weiten der Ozeane. Am Echo der Klicklaute erkennen die Wale beispielsweise, wie hoch sie über dem Meeresgrund schwimmen oder wo Beutetiere sind. Diese Klicklaute sind meistens so hoch, daß nur die Wale sie hören können, nicht aber wir Menschen.

Zum Liebeswerben: Am sangesfreudigsten sind die Wale immer zur Paarungszeit. Wenn sie im Herbst in die warmen Gewässer am Äquator schwimmen, um sich zu vermehren, dann verwenden sie mehr Zeit auf das Singen ihrer Lieder als aufs Fressen. Walforscher vermuten, daß die männlichen Wale eine Art Wettbewerb austragen: Der beste Sänger mit dem schönsten Liebeslied bekommt das umworbene Weibchen.

Unhörbare Töne

Wir Menschen können nur Töne hören, die eine bestimmte Tonhöhe nicht überschreiten. Höhe Töne – wie beispielsweise aus einer Hundepfeife – nehmen wir mit unseren Ohren nicht wahr. Es handelt sich dabei um sogenannte Ulatraschalltöne. Ultraschalltöne schwingen mit mehr als 20 000 Hertz, der Obergrenze des menschlichen Hörvermögens. Zahnwale hingegen können Töne bis zu 220 000 Hertz erzeugen und hören.

Walforscher wissen das, weil sie die Ultraschallsignale der Zahnwale mit elektrischen Geräten entschlüsselt haben. Sie fanden heraus, daß ein Wal manchmal mehrere hundert Ultraschalltöne pro Sekunde ausstößt. Prallen die Schallwellen auf einen Gegenstand, dann kommt das Echo des Schalls zum Wal zurück. An der Art des Echos erkennt er dann den Gegenstand. Man nennt das Echolotpeilung. Auch moderne U-Boote orten ihre Wassertiefe mit Hilfe einer elektrischen Echolotpeilung. Von gefangenen Delphinen weiß man, daß sie damit kleinste Gegenstände im Aquarium ausfindig machen können oder dünne Drähte mit verbundenen Augen erkennen.

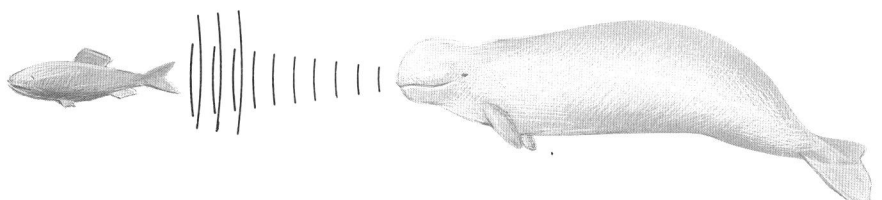

So funktioniert die Echolotpeilung der Zahnwale: Sobald die Ultraschalltöne auf einen Gegenstand oder ein Tier treffen, wird das Echo dieser Signale zurückgeworfen.

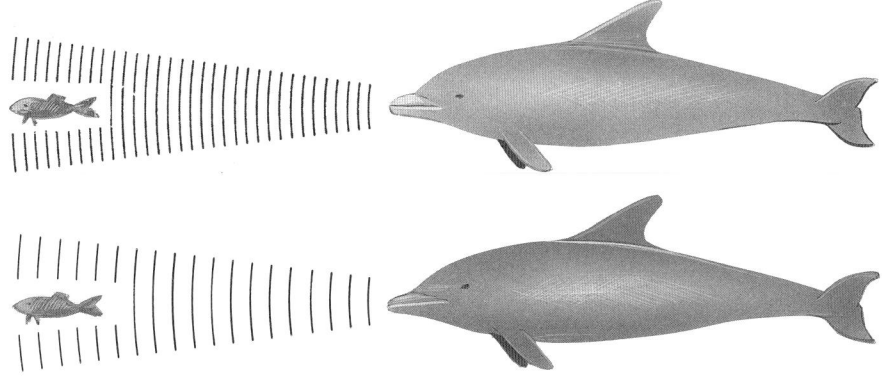

Delphine verändern die Höhe dieser Schallwellen. Es entstehen mehrere Echos, die im Gehirn des Delphins zu einem genauen »Schallbild« zusammengesetzt werden.

Woher kommen die Wale?

Vor der Küste Kanadas wurde im Jahre 1919 ein Buckelwal eingefangen, der Hinterpfoten wie ein vierbeiniges Säugetier hatte. Es handelte sich dabei um eine Mißbildung. Denn normalerweise haben Wale Flossen, und die Hinterbeine sind zu einem winzigen Knochenpaar verkümmert. Aber an dem »Pfotenwal« erkennt man deutlich die Herkunft der Wale.

Wale stammen von vierfüßigen Säugetieren ab. Von sogenannten Mesochyniden. Vermutlich ähnelten diese Mesochyniden unseren Wölfen. Sie lebten vor mehr als 60 Millionen Jahren. Einige dieser hundegroßen Tiere suchten im seichten Meerwasser nach Fischen, Muscheln und Krebsen. Mit der Zeit begannen sie, ihre vier Gliedmaßen zum Schwimmen zu benutzen. Wie die Robben gingen sie aber immer noch zur Fortpflanzung und zur Aufzucht der Jungen an Land. Wissenschaftler vermuten, daß aus solchen Mesochyniden die Urwale hervorgingen, die schon echte Wasserbewohner waren. Einer von ihnen war Protocetus. Er hatte eine längliche Schnauze und war zwei bis drei Meter lang. Protocetus hatte noch funktionstüchtige Hinterbeine. Ansonsten sah er einem Wal schon recht ähnlich. Er lebte vor ungefähr 40 Millionen Jahren.

Kaum zu glauben: Unsere heutigen Wale stammen von vierbeinigen, wolfsähnlichen Säugetieren ab, den Mesochyniden (links). Aus ihnen entwickelten sich Urwale wie Protocetus (ganz unten) und der gewaltige Basilosaurus.

Fünf Millionen Jahre später waren bei dem Urwal Basilosaurus die Hinterbeine bereits zurückgebildet, und sein Körper hatte die Stromlinienform eines Fisches angenommen. Und er brachte seine Jungen bereits im Wasser zur Welt. Schon früh haben sich vermutlich solche Urwale in Zahnwale und Bartenwale aufgespalten. Das erklärt, warum sich beide Arten doch recht beträchtlich voneinander unterscheiden.

27

Anpassung ans Wasser

Als die Vorfahren der Wale vom Land ins Wasser überwechselten, begann sich ihr Körperbau im Lauf von Jahrmillionen an das Wasserleben anzupassen. Der Schwanz wurde zur kräftigen Fluke, die den Körper vorantreibt. Die Vordergliedmaßen bildeten sich zu Flossen um, die zur Steuerung im Wasser beitragen. Die Hintergliedmaßen verkümmerten zu einem bedeutungslosen Knochenpaar. Von außen ist es nicht zu sehen, man erkennt es nur noch am Walskelett.

Auch die Nase des Wals mußte sich verändern. Damit der Wal vom Wasser aus besser atmen konnte, wanderten die Nasenlöcher allmählich zur Kopfoberseite. Wenn der Wal taucht, kann er seine Nasenlöcher verschließen.

Die Haut der Wale wurde glatt und haarlos wie die der Fische. Nur im Bereich des Kiefers haben manche Walarten noch vereinzelt Haare, die an ihre behaarten Vorfahren erinnern.

Unter der Haut haben alle Wale eine dicke Speckschicht, den Blubber. Sie sorgt dafür, daß der Körper im eisigen Wasser der Polarmeere nicht auskühlt. Das ist lebenswichtig für die Wale. Denn trotz ihrer Anpassung an das Leben im Wasser sind die Wale Warmblüter mit gleichbleibender Körpertemperatur wie wir Menschen auch. Ohne diese Speckschicht müßten die Wale erfrieren.

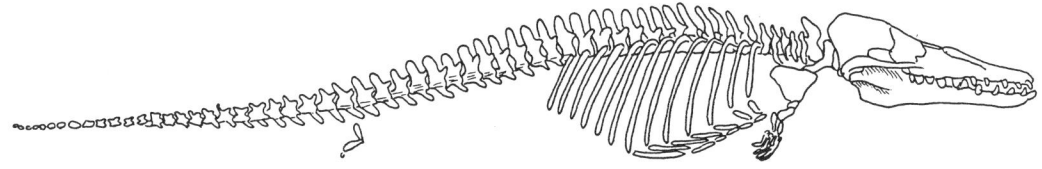

Im Laufe von Jahrmillionen paßten sich die Wale an das Leben im Wasser an. Beim ungefähr vier Meter langen Urwal Dorudon erinnerte der Schädel noch stark an seine reptilischen Vorfahren, während die hinteren Gliedmaßen bereits verkümmert waren.

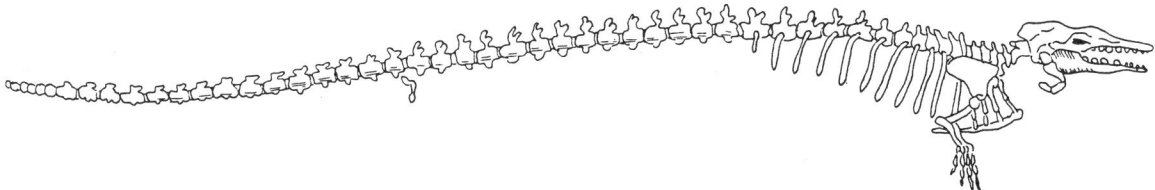

Beim Basilosaurus hatten sich die Vordergliedmaßen bereits zu Flossen umgebildet, der schlangenähnliche Schwanz wurde zur kräftigen Fluke.

Eine schwierige Geburt

Eine Grönlandwalherde schwimmt vor der kalifornischen Küste. Da bleibt ein Walweibchen ein wenig hinter den anderen zurück. Es ist hochschwanger, und die Geburt steht kurz bevor. Auch andere Weibchen sondern sich von der Herde ab und umringen schützend die werdende Mutter. Sie werden ihrer Gefährtin bei der Geburt behilflich sein. Wissenschaftler bezeichnen diese Geburtshelferinnen als »Tanten«.

Landsäugetiere kommen in der Regel mit dem Kopf voran aus dem Mutterleib. Anders ist es bei den Walen. Da erscheint mit den ersten Wehen zuerst die Schwanzflosse, dann die Körpermitte und zuallerletzt der Kopf des Walbabys. Erst dann zerreißt die Nabelschnur, die das Kind mit der Mutter verband und es in ihrem Leib mit Luft und Nahrung versorgte. Käme das Baby zuerst mit dem Kopf aus dem Mutterleib, wäre es vielleicht erstickt, ehe Körper und Schwanz dem Mutterleib entschlüpft sind.

Das Junge muß nun alleine atmen. Um Luft zu bekommen, wird es von der Mutter und den Tanten sofort nach oben geschubst. Dann kann es an der Wasseroberfläche den ersten Atemzug tun.

Gleich nach der Geburt schließt sich die frischgebackene Walmutter wieder

Nabelschnur

Anders als Landsäugetiere kommen die Walbabys mit der Flosse zuerst auf die Welt. Dann werden sie zum Luftholen an die Wasseroberfläche geschubst.

ihrer Herde an. Das Walkälbchen schwimmt in der Mitte zwischen der Mutter und den Tanten mit. Es kann sogar unter Wasser trinken. Die Milchzitzen liegen am Bauch der Mutter und sind in Hautfalten verborgen. Instinktiv weiß das Junge beim ersten Mal, wo die Nahrungsquelle zu finden ist. Die kleinen Wale werden zwischen fünf und zwölf Monate lang von der Mutter gesäugt.

Walweibchen sind sehr liebevolle Mütter. Sie spielen mit den Kleinen und lassen sie manchmal huckepack auf ihrem Rücken reiten.

Die Delphine

Früher sah man kaum ein großes Schiff, das nicht von einem Schwarm Delphine begleitet wurde. Die Meeressäuger führten den Passagieren an Bord kunstvolle Drehsprünge vor, tanzten auf dem Schwanz rudernd über die Wasseroberfläche und surften auf der Bugwelle des Schiffes. Dabei stießen sie ihr fröhlich klingendes Keckern aus.

Leider sind die munteren Schiffsbegleiter auf See heute viel seltener geworden. Viele Delphine starben, weil sie sich in den kilometerlangen Treibnetzen von Thunfischfängern verheddert hatten. Die einzelnen Fäden solcher Treibnetze sind so dünn, daß die Delphine sie nicht orten können. Tierschützer in aller Welt weigern sich deshalb, Thunfisch in Dosen zu kaufen, bis die Fischer die Treibnetzjagd aufgeben. Die Delphine zählen zur großen Gruppe der Zahnwale.

Es gibt fast 30 Delphinarten. Der

Heute kommt es immer seltener vor, daß ein Schiff von einem Schwarm neugieriger Delphine verfolgt wird, die die Fahrgäste mit lustigen Kunststücken unterhalten.

größte Delphin mit neun Meter Länge ist der *Orca* oder *Schwertwal.* Der kleinste, der *Blau-Weiße Delphin,* mißt nur einen Meter. Die meisten Delphine in Zoos und Aquarien sind *Große Tümmler.* Von der gleichen Art ist auch der Fernsehdelphin Flipper. Diese Delphine gelten als sehr verspielt und überaus gelehrig.

Auf holländisch heißt Tümmler übrigens »Tuimelaar« und bedeutet Akrobat. Große Tümmler werden zwischen 1,75 und 3,6 Meter lang und wiegen 150 bis 200 Kilogramm. Besonders in den warmen Meeren und im Mittelmeer lebt *Delphinus delphis,* der Delphin im eigentlichen Sinne. Er mißt 1,75 bis 2,5 Meter und wiegt im Durchschnitt 75 Kilogramm.

Delphine leben in großen Schwärmen, die man »Schulen« nennt. Sie haben ein besonders groß und reich gefaltetes Gehirn und zählen zu den intelligentesten Lebewesen auf der Erde.

Indus-Flußdelphin

Retter in der Not

»Hilfe!« schreit die Frau mit erstickter Stimme. Und noch einmal »Hilfe!«. Dann wird sie von einer reißenden Strömung hinab in die Tiefe gezogen. Sie schlägt mit Händen und Füßen um sich, schluckt literweise Meerwasser und verliert schließlich das Bewußtsein. Sie merkt nicht mehr, wie sie von unten angehoben, gestoßen, geschoben und schließlich zurück an den Strand gedrängt wird. Aber ein Mann, der auch an dem einsamen Strand gebadet hatte, erzählte ihr später, daß zwei Delphine sie ans Ufer gehievt hätten. Diese Geschichte ist im Jahr 1943 an der Küste Floridas wirklich so passiert.

Viele Erzählungen ranken sich um das Phänomen, daß Delphine Menschenleben gerettet hätten. Man weiß aber nicht, warum die Tiere das tun. Wissenschaftler haben Delphine beobachtet, wie sie größere Gegenstände, etwa Matratzen oder Gummireifen, ans Ufer geschubst haben. Es ist auch erwiesen, daß Delphine einen verletzten Artgenossen an die Wasseroberfläche heben, damit er dort Luft holen kann. Vermutlich übertragen die Tiere diese angeborene Verhaltensweise auch auf Menschen oder Gegenstände, die im Wasser treiben.

Flußdelphine

Die einzigen Wale, die im Süßwasser leben, sind die Flußdelphine. Sie kommen in großen Flüssen vor; im Ganges in Indien, im Indus in Pakistan, im Amazonas und im Mündungstrichter des Rio de la Plata in Südamerika sowie in verschiedenen Flüssen Chinas. Flußdelphine suchen im schlammigen Grund der Flüsse nach Fischen und Krebsen. Weil ihnen im trüben Flußwasser gute Augen ohnehin nicht viel nutzen würden, ist ihre Sehfähigkeit verkümmert. Flußdelphine sind sehr kurzsichtig, manchmal sogar blind. Ihre Nahrung spüren sie mit Hilfe einer gut ausgebildeten Echolotpeilung auf.

Orca, der Killerwal

Als 1862 ein dänischer Zoologe erstmals den Magen eines Orcas untersuchte, förderte er die Überreste von 13 Schweinswalen und 14 Robben zutage. Orcas sind die einzigen Wale, die nicht nur kaltblütige Meeresbewohner wie Fische oder Tintenfische fressen. Sie greifen auch warmblütige Tiere wie Seehunde, Seelöwen, Pinguine sowie kleinere Wale und Delphine an.

Orcas jagen im Rudel wie die Wölfe. Manchmal wagen sie sich sogar an viel größere Bartenwale heran. Wegen dieses räuberischen Verhaltens bekamen die Orcas den Beinamen »Wölfe der Meere«. Man nennt sie auch Killer- oder Mörderwale. Eigenartigerweise gelten diese »Killer« als äußerst friedlich und gelehrig, wenn sie in Seeaquarien gehalten werden. Die Orcas jagen am häufigsten in den kalten Meeren um die Pole. Ein Pinguin, der auf einer Eisscholle sitzt, ist für ein Rudel Orcas eine leichte Beute. Die Orcas tauchen unter die Scholle und kippen sie einfach um. Man hat sogar beobachtet, daß die gefräßigen Räuber die Scholle so lange von unten mit ihren Köpfen rammten, bis das Eis zerbrach. Selbst Schollen von mehr als einem halben Meter Dicke halten diesem Druck nicht stand.

Der Orca wird auch als Schwertwal bezeichnet. Seine Rückenflosse ist dreieckig und ragt spitz aus dem Meer wie ein Schwert. Die Rückenflosse des Männchens, des Bullen, kann zwei Meter hoch werden. Der Bulle ist neun bis zehn Meter lang und bis zu neun Tonnen schwer. Das Weibchen, die Kuh, ist kleiner (sechs bis sieben Meter).

Die bis zu neun Meter langen Orcas zählen zu den gefährlichsten Raubtieren der Welt.

Im Delphinarium

Aus der Pfeife des Trainers ertönt ein kurzer, schriller Pfiff. Daraufhin schnellt ein lustig quiekender Delphin aus dem Wasser des Beckens. Er springt hoch in die Luft, schlägt einen Salto vorwärts und platscht zurück ins kühle Naß. Einen Moment später vollführen zwei weitere Delphine das gleiche Kunststück. Wie zwei Luftakrobaten drehen sie ihre Saltos in derselben Sekunde. Das Publikum applaudiert begeistert. Und jeder Delphin erhält einen dicken Fisch zur Belohnung.

Aber die Delphinshow hat noch mehr zu bieten. Große Tümmler springen in hohem Bogen durch Feuerreifen, die über dem Wasser angebracht sind. Sie fangen Bälle aus der Luft und bringen sie brav dem Trainer. Schließlich tanzen sie auf ihren Schwanzflossen über die Wasseroberfläche und lassen sich sogar mit einem Zuggeschirr vor ein Surfbrett spannen. Zum Abschluß hebt ein mächtiger Schwertwal den Trainer mit der Schnauzenspitze in die Höhe und balanciert ihn quer durchs ganze Becken.

Im Jahre 1938 öffnete in Florida der erste Delphinzirkus, die »Marine Studios«, seine Pforten. Mittlerweile gibt es überall auf der Welt Delphinarien und Ozeanarien, in denen Delphine einstudierte Kunststücke vorführen.

Außer der Delphinshow bieten viele Delphinarten auch noch andere Attraktionen. Zum Beispiel gibt es in Floridas »Seaworld« einen »Pettingpool«, ein Streichelbecken. Dort dürfen die Besucher die Delphine mit Fischen füttern, streicheln und berühren.

Delphine wie der Große Tümmler sind
leicht zu zähmen und äußerst gelehrig.
Sie unterhalten das Publikum mit tollen
Vorführungen, und oft sieht man ihnen
nicht an, wie sehr sie unter der
Gefangenschaft leiden.

Wie man Delphine dressiert

Mit Hilfe einer Pfeife und vielen Fischen kann man einem Delphin die tollsten Kunststücke beibringen. Es beginnt damit, daß der Delphin mit einem eleganten Schwung hoch aus dem Wasser springt, wie er es auch in Freiheit gerne tut. Nun pfeift der Trainer und belohnt den Delphin mit einem Fisch. Das wiederholt er mehrere Male. Der Delphin begreift rasch, daß immer, wenn ein Pfiff ertönt, auf ihn ein Fisch als Belohnung wartet – allerdings nur, wenn er zuvor recht hoch gesprungen ist.

Oder der Trainer hängt einen Reifen ins Wasser, und wenn der Delphin rein zufällig durchschwimmt, ertönt der bekannte Pfiff. Anschließend hängt der Trainer den Reifen immer höher. Schließlich läßt er den Delphin durch einen papierbespannten Reifen springen und ganz zuletzt durch einen Feuerreifen.

Können Delphine sprechen?

Delphine haben eine Sprache. Sie unterhalten sich miteinander, selbst über weite Entfernungen hinweg. Im Delphinzirkus erzeugen sie sogar bestimmte Laute auf Befehl.

Für uns klingt diese Sprache wie eine Mischung aus Quietschen, Zirpen und Pfeifen, Knacken und Schnalzen. Einige dieser Töne kommen aus dem Blasloch, andere bringen die Delphine mit der Schnauze hervor. Es ist der Forschung bisher nicht gelungen, diese Delphinsprache zu entschlüsseln. Aber man weiß genau, daß Delphine verschiedenartige Töne von sich geben, je nachdem, ob sie zornig, ängstlich, übermütig oder gut gelaunt sind.

Der amerikanische Forscher Dr. John Lilly hat herausgefunden, daß Delphine auch die menschliche Sprache nachahmen können. Sie sprechen allerdings viel schneller als ein Papagei, so daß wir kein Wort verstehen.

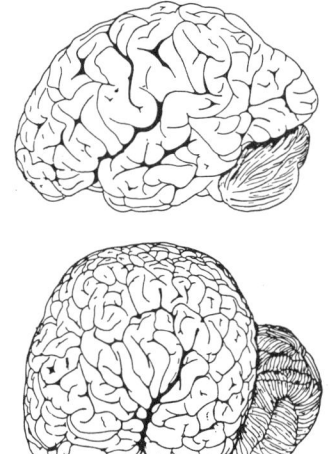

Größenvergleich zwischen Menschengehirn und Gehirn eines Großen Tümmlers (unten). Das Gehirn eines Delphins ist größer als das des Menschen, und auch sein Aufbau ist ähnlich kompliziert.

Die Qual der Delphine

Delphine haben ein breites, rundes Maul und aufwärts gekurvte Mundwinkel. Deshalb sehen sie immer so aus, als würden sie lächeln. Man merkt ihnen daher nicht sofort an, daß sie unter der Gefangenschaft sehr leiden.

Schon beim Fang sterben viele Tiere. Delphine werden vom Schiff aus mit weitmaschigen Netzen eingefangen und an Bord gezogen. Dann bettet man sie in nasse Tücher. Werden die Tiere nicht ständig feucht gehalten, sterben sie an Überhitzung. Auch der Schock der Gefangennahme kann den Tod der sensiblen Tiere herbeiführen. Der spätere Transport zu den Meerwasseraquarien stellt die Delphine ebenfalls auf eine harte Probe. In enge Tragetücher eingezwängt, müssen sie oft lange Lastwagenfahrten oder turbulente Hubschrauberflüge über sich ergehen lassen.

Im Aquarium angelangt, vermissen die Herdentiere vor allem ihre Familie. Sie reagieren manchmal mit Verhaltensstörungen, werden niedergeschlagen und krank vor Einsamkeit. Forscher stellten außerdem Gehirnschrumpfungen um mehr als 40 Prozent fest. Die leidenden Tiere, die in der freien Natur immer lustige Geräusche von sich geben, werden dann stumm. Sie bekommen Magengeschwüre und grei-

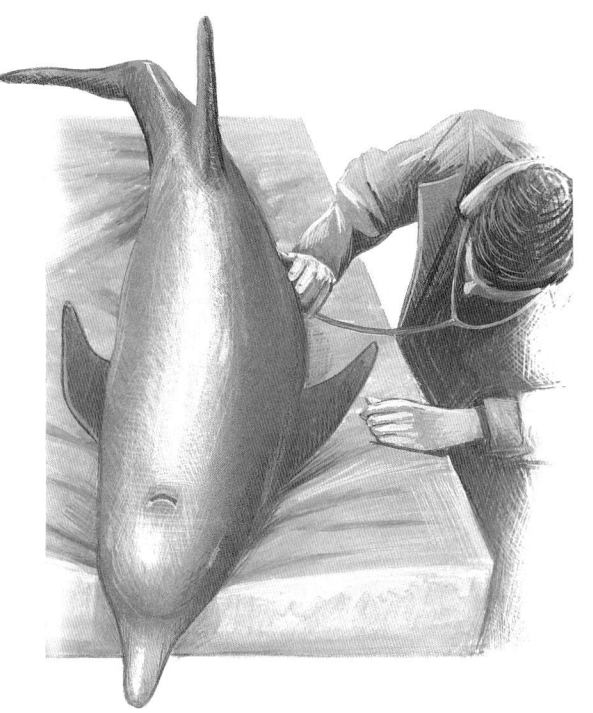

Viele Delphine werden in Gefangenschaft krank vor Einsamkeit, sie bekommen Verhaltensstörungen und sogar Magengeschwüre. Inzwischen gibt es Tierärzte, die sich auf die Behandlung von Delphinen spezialisiert haben.

fen Menschen und andere Delphine an. Sogar Selbstmorde sind schon vorgekommen. Ein Meeresforscher beobachtete, wie zwei Delphine so lange ihre Köpfe an die Betonwand des Beckens schlugen, bis sie starben.

Einige Betreiber von Delphinarien gehen heute dazu über, Delphine, die sich gar nicht an die Gefangenschaft gewöhnen, wieder in die Freiheit zu entlassen. Es wurden auch Sanatorien eingerichtet, in denen Tierpsychologen versuchen, den gestreßten Delphinen zu helfen.

Der Walfang

Die Basken führten vor über 1000 Jahren die Waljagd ein. Sie verfolgten den Wal in Booten und griffen ihn mit einfachen Stechlanzen an. Hatten sie den Wal getötet, so schleppten sie ihn an die nahe gelegene Küste, wo sie ihn zerlegten.

Im 18. und 19. Jahrhundert war die Blütezeit des Walfangs. In Nordamerika entstand eine riesige Walfangindustrie. Der Walfang ging von großen Walfangschiffen aus, die man »Walfänger« nennt. Jedes Schiff war mit mehreren Walfangbooten ausgerüstet. Von dort aus erfolgte die eigentliche Jagd auf die Meeressäugetiere mit Wurfspeeren, die Widerhaken hatten und durch Fangleinen mit dem Boot verbunden waren. So einen angeleinten Wurfspeer nennt man Harpune. Der getötete Wal wurde anschließend gleich auf offener See weiterverarbeitet.

Eine Umwälzung für den Walfang bedeutete die 1846 von Kapitän Svend Foyn erfundene Harpunenkanone. Mit ihr konnten die Harpunen wie Geschosse zielgenau auf 50 Meter Entfernung abgeschossen werden. Im Harpunenkopf saß zudem ein Sprengsatz, der im Körper des Wals explodierte und so seinen Tod herbeiführte. Außerdem blähten die Explosionsgase den Wal auf, so daß er nicht untergehen konnte.

Früher war der Walfang ein gefährliches Unternehmen. Nicht selten brachte ein harpunierter Wal das kleine Fangboot zum Kentern.

39

Mit einem Walfänger auf See

Drei bis vier Jahre war ein Walfänger zu Beginn des 19. Jahrhunderts auf See. Das war eine quälende Zeit der Ungewißheit für die Seeleute und ihre Familien, denn die Waljagd barg viele Gefahren. In den ersten Wochen der Anfahrt gab es für die Seeleute nur wenig zu tun. Aber die Langeweile war wie weggeblasen, sobald der Mann im Ausguck einen Wal erspähte. Eilig ließen die Seeleute die kleinen, wendigen Fangboote zu Wasser, und die Jagd begann. Die Männer ruderten möglichst nahe an den Wal heran. Dann schleuderte der Harpunier die Wurfspeere. Wenn die Widerhaken der Harpunen sich im Fleisch des Wals verhakt hatten, ging das Boot schleunigst auf Abstand.

Es war ungewiß, wie der Wal nun reagieren würde. Schwamm er davon, so schleppte er das Boot in rasender Fahrt oft kilometerweit hinter sich her. Tauchte der Wal dagegen ab, verlängerten die Jäger die Fangleinen und warteten, bis der Wal wieder nach oben kam. Erst dann stießen sie mit der Lanze zu. Allerdings gingen acht von zehn harpunierten Walen wieder verloren. Entweder riß sich der Wal los, oder das Boot kenterte, oder die Fangleinen verhedderten sich und mußten durchschnitten werden.

War die Jagd erfolgreich verlaufen, befestigten die Seeleute den schweren Walkörper mit Seilen und Ketten der Länge nach am Mutterschiff. Dann begannen sie, den Wal zu häuten und zu zerlegen. In den großen Schmelzkesseln an Deck ließen sie anschließend den Speck aus und füllten das gewonnene Walöl in Fässer, die sie in Lagerräumen im Schiffsrumpf stapelten. Zum Schluß versenkten sie das mächtige Gerippe des Wals im Meer.

Moderne Harpunenkanone, mit der ein Wal aus sicherer Entfernung erlegt werden kann.
Früher schleuderte der Harpunier Wurfspeere (links) auf den riesigen Walleib.

Die Verwertung eines Wals

In den vergangen zwei Jahrhunderten war der Walfang eine wirtschaftliche Notwendigkeit. Es ging dabei weniger um das Fleisch als um den Walspeck. In Straßenlaternen und Lampen verbrannte man damals ausgelassenen Walspeck, das Walöl. Es gab noch kein Petroleum. Walöl wurde auch zu Seife und Farben verarbeitet.

Aus dem Walrat, einer fettartigen Masse in der Stirnhöhle des Pottwals, fertigte man Maschinenöl, Kerzen sowie Salben und Cremes. Besonders wertvoll war die Ambra des Pottwals als wichtiger Grundstoff für die Parfümherstellung. Aus den biegsamen Barten der Bartenwale stellte man Korsettstangen her; man verwendete sie auch bei der Fertigung von Schirmen, Koffern und Hutschachteln. Die Barten hießen früher »Fischbein«.

Heutzutage kann man für all diese Dinge auf haltbarere Kunststoffe, Gummi und Metalle zurückgreifen. Die Kosmetikindustrie zieht pflanzliche Fette und Öle dem Walöl vor. Zur Beleuchtung der Häuser dient uns heute die Elektrizität. Und im industriellen Bereich hat das Erdöl die Rolle des Walöls übernommen. Es gibt also praktisch kein Walprodukt mehr, das nicht durch einen anderen, gleichwertigen Stoff ersetzt werden kann.

In den vergangenen Jahrhunderten wurde ein getöteter Wal vollständig zerlegt und verwertet.

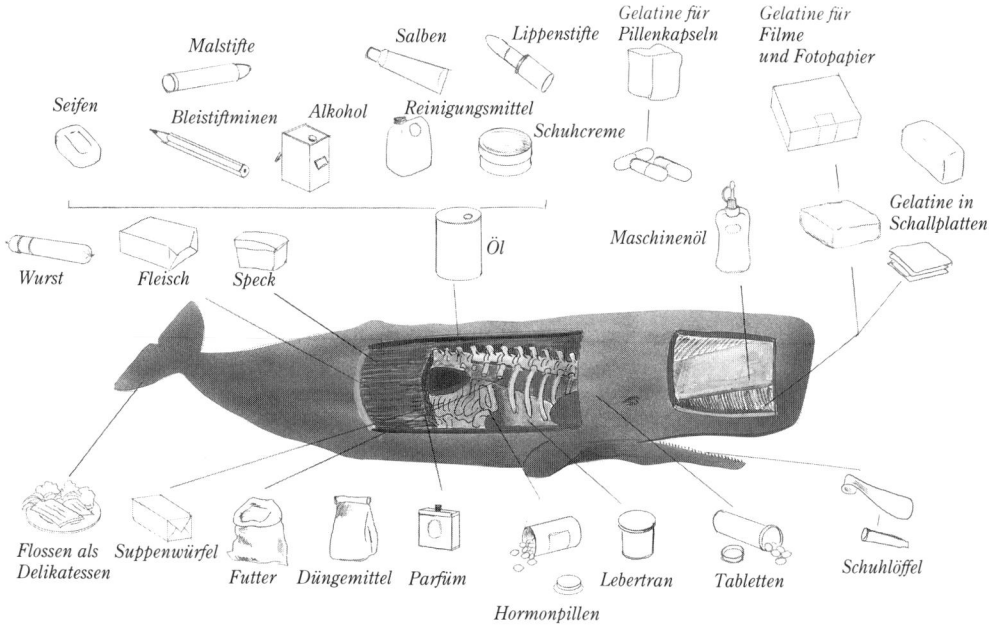

Seifen · Malstifte · Bleistiftminen · Alkohol · Reinigungsmittel · Salben · Lippenstifte · Gelatine für Pillenkapseln · Gelatine für Filme und Fotopapier · Schuhcreme · Öl · Maschinenöl · Gelatine in Schallplatten · Wurst · Fleisch · Speck · Flossen als Delikatessen · Suppenwürfel · Futter · Düngemittel · Parfüm · Hormonpillen · Lebertran · Tabletten · Schuhlöffel

Rettet die Wale!

Nach dem Ersten Weltkrieg (1914 bis 1918) begann das Zeitalter des modernen Walfangs. Die Jagd besorgten jetzt riesige Mutterschiffe mit bis zu zwölf einzelnen Fangdampfern, die alle mit Harpunenkanonen ausgerüstet waren. Später kamen auch Hubschrauber hinzu, deren Piloten die Wale aus der Luft aufspürten und die über Funk den Fangdampfern Anweisungen gaben. Die Mutterschiffe waren gleichzeitig schwimmende Schlachthöfe, in denen bis zu 1000 Wale im Monat vollständig verarbeitet werden konnten. Die Wale hatten keine Chance mehr, solchen Fangflotten zu entkommen. Allein in der Antarktis sollen seit Beginn des 20. Jahrhunderts eine Million Wale getötet worden sein.

Weil besonders die großen Wale keine natürlichen Feinde haben, vermehren sie sich nur langsam. Blauwale beispielsweise bringen nur alle zwei bis drei Jahre ein Junges zur Welt. Entsprechend verheerend wirkten sich die hohen Abschußquoten auf den Bestand vieler Walarten aus. Die Glattwalarten, Nordkaper und Südlicher Glattwal, die

Grauwale und die Blauwale standen in der Mitte des 20. Jahrhunderts unmittelbar vor der Ausrottung. Auch die Bestände der Buckelwale, Grönlandwale und Pottwale waren dramatisch zurückgegangen.

Da ergriff man endlich erste Maßnahmen zum Schutz der Wale. Viele Staaten verzichteten auf den Walfang, und bis heute konnten sich die Walbestände wieder leicht erholen.

Obwohl viele Walarten vom Aussterben bedroht sind, wird noch immer mit modernen Fangschiffen und Harpunenkanonen Jagd auf die Wale gemacht. Durch mutige Rettungsaktionen weisen Organisationen wie Greenpeace auf das Schicksal der bedrohten Meeressäuger hin.

Der Schutz der Wale

1946 wurde die *Internationale Walfang-kommission* (IWC) ins Leben gerufen. Mittlerweile gehören ihr über 30 Staaten an. Die IWC setzt in regelmäßigen Konferenzen fest, wie viele und welche Wale jährlich gejagt werden dürfen. Die erlaubten Abschußzahlen nennt man Fangquoten. Glattwale, Grauwale und Blauwale stellte die IWC 1966 unter vollständigen Schutz. Auch die Jungtiere und trächtigen Weibchen aller anderen Arten durften von da an nicht mehr gejagt werden.

Leider ließ sich die Einhaltung der Bestimmungen auf dem offenen Meer nicht überwachen, und manche Staaten fühlten sich nicht verpflichtet, die Forderungen der IWC zu erfüllen.

1975 haben 90 Staaten, darunter auch die Bundesrepublik Deutschland, das *Internationale Artenschutzabkommen* unterzeichnet, wonach der Handel mit Walprodukten – Walfleisch, Walöl und Walzähnen – verboten ist.

1986 setzte die IWC ein Fangverbot für alle Walarten durch. Aber die letzten Walfangnationen Japan, Norwegen, Island, Korea und die damalige UdSSR weigerten sich, dieses Verbot anzuerkennen. Sie gaben vor, für wissenschaftliche Zwecke jedes Jahr eine bestimmte Zahl von Walen erlegen zu müssen. Das

war natürlich nur ein Vorwand, denn wissenschaftliche Untersuchungen lassen sich auch an lebenden Walen vornehmen. Und eigenartigerweise wurden besonders viele Finnwale, Zwergwale und Seiwale, deren Fleisch in Japan als Delikatesse gilt, zu »wissenschaftlichen Zwecken« gejagt.

Am 30. Juni 1992 entschieden die Staaten Norwegen und Island sogar, den Walfang wiederaufzunehmen, und zwar nicht nur aus wissenschaftlichen Gründen. Ihrer Meinung nach gibt es wieder ausreichend viele Wale in den Meeren unserer Welt.

Geschätzte Walbestände		
	1920	1990
Blauwal	200 000	10 000
Glattwal	100 000	4 000
Grauwal	20 000	19 000
Buckelwal	100 000	10 000
Grönlandwal	30 000	7 000
Seiwal	250 000	50 000
Finnwal	450 000	100 000
Pottwal	1 500 000	700 000

Waghalsige Rettungsaktionen

Ein modernes Walfangschiff durchpflügt die Wellen des eisigen Polarmeeres. Weiße Gischt spritzt am haus-

Heute gibt es mehrere Organisationen, die sich die Rettung der Wale zum Ziel gesetzt haben. Hier das Abzeichen der Gesellschaft zum Schutz der Meeressäugetiere.

hohen Bug des schwimmenden Kolosses empor. Wenige hundert Meter voraus ist ein großer Wal gesichtet worden. Der Harpunier richtet seine Harpunenkanone aus und zielt auf den grauen Rücken des Meeresriesen.

Doch was ist das? Ein winziges Schlauchboot, in dem drei Männer mit leuchtendgelben Öljacken sitzen, rast genau in die Schußlinie. Der Harpunier kann nicht schießen, ohne die Männer zu gefährden. Verärgert dreht er die Harpunenkanone zur Seite. Auch der Steuermann des Walfangschiffes sieht in letzter Sekunde das Hindernis, wirft das Ruder herum und dreht ab. Der Wal ist inzwischen auf und davon.

Die Männer in dem Schlauchboot sind von der Umweltschutzorganisation Greenpeace. Sie haben sich unter anderem zum Ziel gesetzt, mit aufsehenerregenden Aktionen die Öffentlichkeit auf das Walmorden aufmerksam zu machen. Mit ihren kleinen Schlauchbooten behindern sie große Walfangschiffe, und schon mehrmals ketteten sich Mitarbeiter von Greenpeace an den Harpunenkanonen der Fangdampfer fest. Die Walfänger konnten ihrer Arbeit nicht nachkommen, und so manchem Wal blieb dadurch ein schreckliches Schicksal erspart. Für das Leben der einzigartigen und intelligenten Meeressäugetieren setzen die Naturschützer bei solchen Aktionen nicht selten ihr eigenes Leben aufs Spiel.

Worterklärungen

Ambra Selten vorkommende Masse im Darm der Pottwale. Früher Grundstoff für die Parfümherstellung.

Barten Lange, rechenartige Fransen am Oberkiefer der Bartenwale. Diese Wale filtern damit kleine Wassertiere wie Krebse aus dem Meer. Die Barten bestehen aus einem hornartigen Material ähnlich wie die Fingernägel beim Menschen.

Basken Sehr altes Volk, das im Südwesten Frankreichs und im Norden Spaniens lebt.

Blasloch Nasenöffnung des Wals, wird auch als Spritzloch bezeichnet.

Blast Verbrauchte Atemluft, die der Wal ausstößt. Die Atemluft verwandelt sich dabei in weißen Wasserdampf, der als meterhohe Fontäne sichtbar werden kann. Auch Blas oder Spaut genannt.

Blubber Die Speckschicht der Wale ist je nach Walart unterschiedlich dick.

Delphinarium Großes Meerwasseraquarium, wo Delphine Kunststücke vor Publikum aufführen.

Echolotpeilung Viele Wale, insbesondere Delphine, stoßen unter Wasser hohe Töne aus. Sobald die Schallwellen auf einen Gegenstand treffen, wird ein Echo zurückgeworfen. Anhand des Echos erkennen die Tiere dann den Gegenstand.

Finne Rückenflosse des Wals.

Flensen Zerteilen der Speckschicht eines Wals in breite Streifen und Abziehen dieser Speckstreifen vom übrigen Walfleisch.

Flenser Arbeiter an Bord eines Walfängers, der die Speckstreifen abzieht.

Flipper Die beiden Brustflossen des Wals. Auch: bekannte Fernsehserie, bei der ein Delphin die Hauptrolle spielt. Für die Kamera posierten als »Flipper« fünf verschiedene Tümmlerkühe.

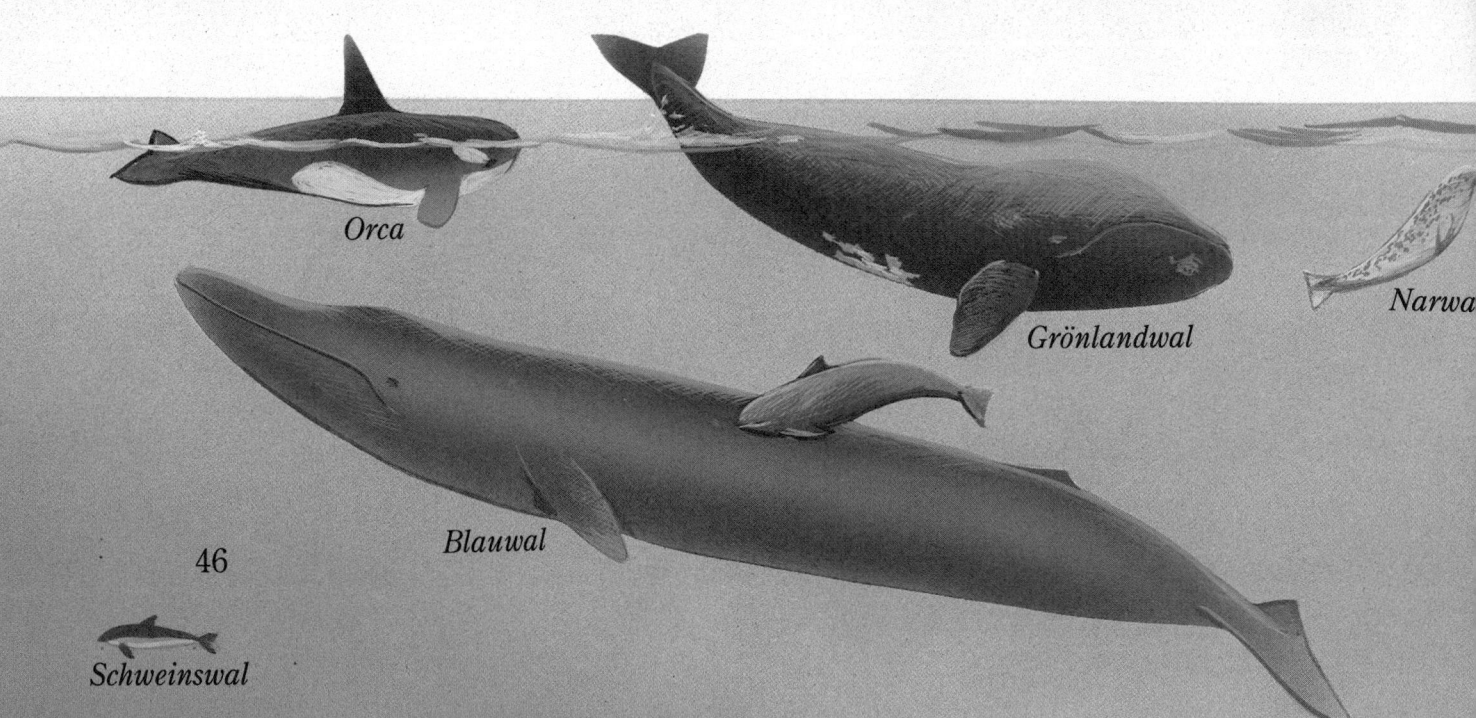

Orca

Grönlandwal

Narwal

Blauwal

46

Schweinswal

Fluke Schwanzflosse des Wals. Oft werden auch nur die beiden Seitenflügel der Schwanzflossen als Fluken bezeichnet.

Greenpeace 1970 gegründete Organisation, die gegen Zerstörung und Verschmutzung unserer Umwelt kämpft. 1975 behinderte Greenpeace erstmals ein sowjetisches Walfangschiff. Seither wurden viele aufsehenerregende Aktionen zum Schutz der großen Meeressäugetiere durchgeführt.

Harpune Angeleinter Wurfspeer mit Widerhaken. Zum Walfang werden die Harpunen heute mit Kanonen abgeschossen und haben einen tödlichen Sprengsatz in der Spitze.

IWC »International Whaling Commission«, auf deutsch »Internationale Walfangkommission«. Staaten, die der IWC beigetreten sind, verpflichten sich freiwillig, nicht mehr Wale zu fangen, als die IWC regelmäßig festsetzt.

Krill Verschiedene rötliche Krebstierchen mit höchstens fünf bis acht Zentimeter Länge. Leben in Schwärmen in den polaren Meeren. Hauptbestandteil der Nahrung von Bartenwalen.

Plankton Sammelbezeichnung für alle pflanzlichen und tierischen Kleinstlebewesen im Meerwasser. Pflanzliches Plankton besteht aus Algen, tierisches aus Krill.

Schule Herde von Walen, die gemeinsam durchs Meer schwimmen. In Ausnahmefällen bis zu mehreren hundert Tieren groß.

Strandung Manchmal scheint die Echolotpeilung der Wale zu versagen. Die Tiere verlieren dann die Orientierung im Meer und werden an den Strand gespült. Wenn sie niemand ins Wasser zurückschleppt, sterben sie.

Walfänger Ein großes Schiff, von dem aus mit kleinen Booten Walfang betrieben wird. Die Walfänger sind heute wie Fabriken ausgerüstet, um die Wale gleich auf hoher See vollständig verarbeiten zu können.
Ein Seemann, der Wale jagt.

Walrat Wachsartige Masse im Kopf der Pottwale, die früher zu Maschinenöl, Salben und Cremes verarbeitet wurde.

Walsafari Dabei fahren Tierfreunde mit kleinen Booten aufs offene Meer hinaus, um Wale zu bestaunen. Die Amerikaner nennen solche Ausflüge »Whale watching«, zu deutsch »Walbeobachtung«.

Wale im Größenvergleich. Zu den Walen gehören die größten Tiere der Welt wie der mächtige Blauwal, aber auch viele kleine Meeressäugetiere.

Buckelwal

Belugawal

Pottwal

Delphin

Finnwal

47

Register